AF326441

EDICT DV ROY,

PORTANT CREATION

EN TILTRE D'OFFICES FORMEZ, DE quatre Conseillers Controolleurs ordinaires des Guerres au Regiment des Gardes Françoises de sa Majesté. Vn Conseiller Controolleur ordinaire des Guerres à l'ancienne Compagnie des Suisses de la garde de sadite Majesté. Quatre Conseillers Controolleurs ordinaires des Guerres au Regiment des Suisses de ladite garde ; Et trois Conseillers Controolleurs ordinaires des Guerres à la Compagnie de Cheuaux Legers de la garde de sadite Majesté. Auec augmentatió de gages attribuez aux Secretaires & Controolleurs Generaux de l'Extraordinaire des Guerres & de la Cauallerie Legere, pour estre auec leurs anciens gages payez du fonds du Taillon, & par les mains des Tresoriers Generaux de l'ordinaire des Guerres.

Verifié en la Chambre des Comptes de Paris, le 22. Iuin mil six cens trente-trois.

A PARIS,

M. DC. XXXIII.

(15)

LOVIS PAR LA GRACE DE DIEV ROY DE FRAN-CE ET DE NAVARRE: A tous preſens & à venir, Salut: Ayans par noſtre Edict du mois de Feurier dernier pour beaucoup de conſiderations importantes ; & pour eſtre ſecourus de quelque ſomme de deniers en la neceſſité de nos affaires , creé & erigé en tiltre d'Offices formez des Controolleurs ordinaires des Guerres aux Regimens de nos gardes Françoiſes & Suiſſes ; Et à noſtre Compagnie de Cheuaux Legers. Nos chers & bien amez Conſeillers les Secretaires & Controolleurs generaux de l'Extraordinaire de nos Guerres & Cauallerie Lege-

re, Nous auroient humblement re-
preſenté & fait cognoiſtre que par
pluſieurs nos Edicts nous leur
auons cy-deuant attribué ſpecialé-
ment le Controolle deſdits Regimens de nos gardes Françoiſes &
Suiſſes, & de noſtredite Compagnie de Cheuaux Legers, pour
eſtre conjoinct & attaché à leurs
charges, ſans qu'autres qu'eux ou
leurs Commis ſe peuſſent entremettre d'y trauailler. Et partant
nous auroient tres-humblement
ſupplié de reuoquer ledit Edict, ou
bié s'il nous plaiſoit qu'il euſt lieu
de leur donner la preference deſdits Offices comme eſtans demem-
brez d'eux, pour les joindre & reü-
nir à leurs charges, ou en diſpoſer
en faueur de perſonnes capables,
ainſi qu'ils aduiſeront bon eſtre:
Moyennant quoy ils auroient of-

fert de nous fecourir de plus gran-
de fomme de deniers : A la charge
& condition qu'ils feroient doref-
nauant payez de leurs gages an-
tiens , enfemble de quelque augmentation que nous leur pour-
rions attribuer des deniers de noftre Taillon : Laquelle preference
leur ayans accordée attendu que la
fonction du Controolle defdits
Regimens de nos gardes Françoifes & Suiffes, & de noftre Compagnie de Cheuaux Legers , a efté
trouuée leur appartenir : Ils nous
auroient tres-humblement fupplié
de reuoquer ledit Edict du mois de
Feurier dernier, & de créer de nouueau lefdits offices de Controolleurs, fuiuant ladite preference. A
CES CAVSES defirans bien & fa-
uorablement traicter lefdits Secretaires & Controolleurs generaux

de l'extraordinaire de nos Guerres
& Caualerie Legere : Et ne voulans
qu'ils foient lefés au demébrement
de leurs charges : Sçauoir faifons
qu'apres auoir faict mettre cefte af-
faire en deliberation en noftre
Confeil, où eftoient plufieurs Prin-
ces, Seigneurs & principaux Officiers de noftre Couronne, de l'ad-
uis d'iceluy & de noftre certaine
fcience, pleine puiffance & authori-
té Royale, AVONS reuocqué & re-
uocquons noftredit Edict de Feurier dernier, Et par ceftuy cy noftre Edict perpetuel & irreuocable,
AVONS de nouueau creé & erigé,
creons & erigeós en tiltre d'Offices
formez : Quatre nos Confeillers
Controolleurs ordinaires des guerres au Regiment de nos gardes
Françoifes : Vn noftre Confeiller
Controolleur ordinaire des Guer-

res à l'anciénne compagnie des Suisses : Quatre nos Conseillers Controolleurs ordinaires des Guerres au Regiment des Suisses de nostre garde : Et trois nos Conseillers Controolleurs ordinaires desGuerres à nostre Compagnie de Cheuaux legers, ancien alternatif & triennal, pour estre lesdits offices tenus par lesdits Secretaires & Controolleurs generaux de l'extraordinaire des Guerres & Caualerie Legere chacun à son esgard conjointement ou separement, ou pour en disposer en faueur de personnes capables, ainsi qu'ils aduiseront bon estre : & pour y estre pourueu par nous lors que vacation y escherra par mort, forfaiture ou resignation. Ausquels Controolleurs nous auós attribué ; à sçauoir à chacun des quatre du Regiment des gardes

A iiij

Françoises , quinze cens liures de
gages, à celuy de la Compagnie par-
ticuliere des Suisses mil soixante six
liures treize sols quatre deniers, à
chacun des quatre autres du Regiment desdits Suisses, quatorze cens
liures, & à chacun des trois de nostre Compagnie de Cheuaux Legers six cens soixante six liures treize sols quatre deniers : Montant le
total desdits gages à quatorze mil
six cens soixante six liures treize sols
quatre deniers , & aux taxations ordinaires de trente liures chacun par
monstre , & droict de regiſtre de
cinquante liures par mois comme
iouyssent les autres Controolleurs
Prouinciaux , lequel droict nous
auons aussi attribué & attribuons à
chacun desdits Controolleurs des
Regimens de nostre garde & Compagnie ancienne des Suisses : Et

pour le regard des trois Controolleurs de noſtre Compagnie de
Cheuaux Legers aux taxations ac-
couſtumees, tant pour ladite Compagnie que pour les cinquane fai-
ſant partie d'icelle, actuellement
ſeruans & ſans diſcontinuation
pres noſtre perſonne : & au droict
de regiſtre de cinquante liures auſſi
par mois, chacun en l'annee de ſon
exercice, pour les monſtres que leſdits Controolleurs feront deſdits
Regimens & Compagnies ou de
partie d'iceux, afin de leur ayder à
ſupporter les frais extraordinaires pour le controolle deſdits Regimens & Compagnies particulieres, ſans qu'autres Controlleurs
s'y puiſſent entremettre, Et ſera
le fonds deſdites taxations &
droict de Regiſtre faict à l'aduenir & deliuré aux Treſoriers ge-

neraux, tant de l'extraordinaire
des Guerres que de la Cauallerie
par chacun mois, comme celuy du
payement defdits Regimens &
Compagnies pour eftre payé aufdits Controolleurs : Et pour le regard de leurs gages montans enfemble quatorze mil fix cens foi-
xante-fix liures treize fols quatre
deniers, ils en feront payez à l'ordinaire des Guerres comme font les
Controolleurs Prouinciaux:Et à cét
effect employez és Eftats dudit ordinaire des Guerres fans en pou-
uoir eftre oftez à l'aduenir : Lefquels Controlleurs nouuellement
creez feront feuls de leur chef le
Controolle des monftres &reueuës
de leurs Regimens & Compagnies
en quelques lieux & endroicts
qu'ils rendent feruice, foit pres noftre perfonne ou dans les villes de

noſtre Royaume , ou hors iceluy, meſmes és camps & armées , ſoit que nous y ſoyons en perſonne ou non, faiſans à ceſte fin deffences à tous Controolleurs Prouinciaux & ordinaires des Guerres : & generallement à toutes perſonnes quelles qu'elles ſoient de s'entremettre au faict deſdites monſtres & reueuës (à peine de nullité d'acquits) ſinon ceux que leſdits Controolleurs nouuellement creez y voudront departir : Ce qu'ils pourront faire au cas qu'ils ne puiſſent vacquer eux meſmes auſdites monſtres : Les extraicts deſquelles ils ſeront tenus de rapporter aux Controolleurs generaux en exercice ſoit de l'extraordinaire ou de la Caualerie & non à autres : Et preſter le ſerment entre leurs mains chacun à ſon regard auant qu'entrer en exercice de

leurs charges, & de leur rapporter
aussi le Controolle general d'icelles
monstres en fin de chacune année
expirée : Et en cas que nosdits Regimens des Gardes & Compagnies
particulieres fussent augmentez,
Nous en attribuons ausdits Controolleurs la fonction entiere: Pourront en outre lesdits Controlleurs
nouuellement créez faire les monstres de leursdits Regimens &Com-
pagnies en l'absence les vns des autres : Sçauoir les Controolleurs aux
Regimens pour lesdits Regimens:
Et les Controolleurs de nostredite
Compagnie de Cheuaux Legers
pour ladite Compagnie chacun à
son regard: cóme aussi trauailler aux
monstres des gés de guerre, tant és
armées qu'ailleurs deppendans des
charges desdits Controolleurs generaux del'extraordinaire des guer-

res & Cauallerie Legere de leur
confentement en vertu de leurs departemens & non autrement, à la
charge de rapporter les extraicts
aufdits Controolleurs generaux
incontinent apres les monftres
faictes ; Pourront auffi lefdits Controolleurs eftre Commis par lefdits
Cótroolleurs generaux en vertu de
leurs Commiffions és armees & ailleurs ainfi que les autres Controlleurs ordinaires des guerres, pour
tenir le Controolle general, & donner les departemens en l'abfence
defdits Controolleurs generaux. Et
en cas que lefdits Controolleurs
generaux vueillent tenir fepare-
ment, ou difpofer defdits offices
prefentement creez, Nous voulons
& ordonnons que lefdits Controlleurs generaux ou ceux qui en feront pourueus, foient & demeu-

rent difpenfez de la rigueur des
quarante iours fans payer aucune
chofe pour le refte de la prefente
annee & pendant les deux fuiuan-
tes, apres lefquelles expirées, ils
payeront en nos parties Cafuelles
le foixantiefme denier de l'eualua-
tion de leurs offices feulement,que
nous voulons eftre reglee au mefme pied des Controolleurs ordinaires des guerres, fans qu'il foit
befoin d'aucun Arreft pour ceft
effect, & attendant qu'il foit pourueu aufdits offices, les porteurs des
quittances iouyront des gages, taxations & droicts attribuez aufdits
offices, lefquels feront paffez fans
difficulté par les gens de nos Comptes, & cependant la fonction en
demeurera comme auparauát aufdits Controolleurs generaux en
charge.Les pourueus defquels offi-

ces creez par le preſent Edict, iouyront des gages, taxations & droicts
cy-deuant mentionnez en la forme
qu'il eſt exprimé, enſemble des
honneurs, authoritez, prerogati-
ues, preeminences, immunitez,
priuileges, franchiſes, libertez,
exemptions & autres droicts tels
& ſemblables dont iouyſſent nos
Controolleurs Prouinciaux & ordinaires des guerres, & noſtre Com-
miſſaire general à la conduite de
noſtre Regiment des gardes Françoiſes, lequel Cómiſſaire & autres
tant dudit Regiment que de celuy
des Suiſſes, & Compagnies particulieres tant des Suiſſes, que de Cheuaux Legers, donneront auſdits
Controolleurs copie du ſignal de
chacune deſdites Compagnies, &
en cas de reffus leſdits Controolleurs feront ledit roolle, & à ceſt ef-

fect les Capitaines leur enuoyerõt
tous leurs Soldats pour les ſignaler
afin qu'il ne ſe commmette d'oreſnauant aucun abus, & que nous
ſoyons bien & fidelement ſeruis
dans leſdites Compagnies de nos
gardes. Avons en outre attribué &
attribuons auſdits Controolleurs
generaux de l'extraordinaire de
nos guerres & Caualerie Legere,
tant deçà que delà les Monts, deux
mil liures d'augmentation de gages à prendre ſur les deniers de no-
ſtredit Taillon, laquelle ſomme
ſera diuiſee entre-eux ainſi qu'ils
aduiſeront bon eſtre, & ſelon les
roolles qui en ſeront arreſtez en
noſtre Conſeil : Et pour leur dóner
moyen de nous ſeruir auec plus
d'aſſiduité & les traitter comme les
autres Officiers de nos guerres,
Voulons que d'oreſnauant leurſ-
dits

dits gages anciens de trois mil liures chacun, tant de l'Extraordinaire, que Caualerie Legere deçà
& delà les Monts coniointement
auec ladite augmentation, soient
employez dans les Estats de l'ordinaire des guerres, & payez des deniers de nostre Taillon par les
mains des Tresoriers generaux dudit ordinaire des guerres ainsi que
nos autres Officiers desdites guerres, attendu le preiudice dudit de-
membrement, & la finance de ladite augmentation de gages, sans
qu'à l'aduenir ils puissent estre
ostez dudit Estat de l'ordinaire des
guerres pour quelque cause & oc-
casion que ce soit, nonobstant que
par les Edicts de creation desdits
Controolleurs generaux, leurs gages soient assignez sur les Tresoriers generaux de l'Extraordinaire

B

& Caualerie Legere, dont en tant
que besoin est, Nous les auons re-
leué & releuons par ces presentes,
voulons seulement qu'ils perçoi-
uét par les mains desdits Tresoriers
generaux de l'extraordinaire & Caualerie legere leurs appointemens
de trois cens liures par mois chacun en leur annee d'exercice , dont
le fonds leur sera fait , sçauoir pour
l'extraordinaire dans les estats desdits Regimens des gardes, & pour
la Caualerie dans l'estat de nostre
Compagnie de Cheuaux Legers.
Et pource que lesdits Côtroolleurs
generaux nous ont remonstré que
plusieurs Controolleurs ordinaires
des guerres, s'ingerent d'aller faire
des monstres & reueuës sans leurs
departemens , & sans se soucier de
leur rapporter les extraicts des
monstres, contre nos ordonnances,

au moyen dequoy il ne nous peu-
uent certifier ny noſtre Conſeil de
ce qui ſe paſſe eſdites monſtres , ny
rapporter leur controolle general
entier à noſtre Chambre des Comptes , pour remedier à tel abus , fai-
ſons tres-expreſſes inhitions & defenſes à tous Controolleurs des
guerres de faire aucune monſtre &
reueuë en ce qui peut dependre
des charges deſdits Controolleurs
generaux ſans leurs departemens,
ſur peine de priuation d'vne annee
de leurs gages, pour ceux qui ſont
nos Officiers, & de toutes les taxations qu'ils auroient indeuëment
receuës.   Et pour les Controolleurs extraordinaires ſur peine de
punition corporelle & de priuation deſdites taxations. E N I O I-
G N O N S à tous leſdits Controlleurs incontinent apres les mon-

B ij

ſtres faites de porter leurs extraicts
deſdites monſtres auſdits Controlleurs generaux ſuiuant nos Ordonnances, & d'en tirer Certification
ſignee d'eux. Defendons tres-ex-
preſſement à nos Treſoriers generaux de l'extraordinaire des guerres & Caualerie Legere, de payer
aucune taxation à aucuns deſdits
Controolleurs ſoit ordinaires ou
extraordinaires s'ils ne rapportent
Certification deſdits Côtroolleurs
generaux d'auoir receu l'extraict
à peine de nullité des acquicts &
de radiation deſdites taxations à
recouurer ſur leſdits Treſoriers.
SI DONNONS en mandement à
nos amez & feaux les gens de nos
Comptes & Cour des Aydes à Paris, que noſtre preſent Edict ils fa-
cent lire, publier & regiſtrer, & du
contenu en iceluy, faſſent, ſouffrent

& laiſſent iouyr les pourueus deſdits offices de Controolleurs deſdits Regimens & Compagnies de
nos gardes, plainement & paiſible-
ment, ſans leur faire, mettre, ny
donner, ny ſouffrir leur eſtre faict,
mis ny donné aucun trouble & em-
peſchement au contraire, nonobſtant oppoſitions ou appellations
quelconques, pour leſquelles &
ſans prejudice d'icelles ne voulons
eſtre differé, & dont ſi aucunes in-
teruiennent, Nous auons retenu &
reſerué, retenons & reſeruons la
cognoiſſance à nous & à noſtre
Conſeil, & icelle interdite à toutes
nos autres Cours, Iuges & Officiers,
nonobſtant auſſi le ſuſdit Edict de
Feurier dernier que nous auós reuo-
qué par ces preſentes, & tous autres
Edicts, Ordonnances, Arreſts, Re-
glemens, defenſes, priuileges &

autres lettres à ce contraires donnees en confequence, aufquelles & ?
aux derogatoires des derogatoires
y contenuës, Nous auons derogé
& derogeons par ces prefentes.
MANDONS aufli à nos tres-chers
coufins les Marefchaux de France,
aux Lieutenans generaux de nos
armees, Marefchaux & Maiftres de
Camp, & tous autres Chefs & Capitaines de nos gens de guerre, de
tenir la main à ce que le prefent
Edict foit executé dans nofdites armees, & ailleurs felon fa forme &
teneur, mefme de laiffer iouyr pai-
fiblement lefdits Controolleurs
generaux de l'Extraordinaire des
guerres & CaualerieLegere & leurs
Commis en leur abfence de la fonction ordinaire de leurs charges, de
tenir le Controolle general, departir des Controolleurs ordinai-

res & extraordinaires, & de lés
maintenir en tous les droicts &
honneurs que nous leur auons attribuez pas nos Edicts : CAR tel
eſt noſtre plaiſir. Et afin que ce ſoit
choſe ferme & ſtable, Nous auons
fait mettre noſtre ſeel à ſeſdites
preſentes. DONNEES à Beziers
au mois d'Octobre l'an de grace
mil ſix cens trente-deux. Et de noſtre regne le vingtroiſieſme. Signé,
LOVIS, Et ſur le reply, Par le Roy,
DE LOMENIE, à coſté viſa. Et ſeellé
du grand ſeel de cire verte en lacs
de ſoye rouge & verte, & ſur ledit
reply eſt eſcrit.

*Leu, publié & regiſtré en la Cham-
bre des Comptes, ouy le Procureur
general du Roy, par le commandement
de ſa Majeſté, porté par Monſieur le
Comte de Soiſſons, Grand Maiſtre de*

France, Gouuerneur & son Lieutenant
general en Dauphiné, venu expres enla-
dite Chambre, assisté du sieur Duc de
Chaulnes, & des sieurs de Leon & Tallon
Conseillers de sadite Majesté en ses Con-
seils d'Estat & Priué. Le vingt-deu-
xiesme iour de Iuin mil six trente-trois.

Signé, **BOVRLON**.

Collationné à l'original, par moy Conseiller
Secretaire du Roy, & de ses Finances.